ORDONNANCE

DU ROI,

CONCERNANT

LES GARDE-CÔTES.

Du 13 Décembre 1778.

À PARIS,

DE L'IMPRIMERIE ROYALE.

M. DCCLXXIX.

TABLE DES ARTICLES
Contenus dans cette Ordonnance.

A 2

ORDONNANCE
DU ROI,

Concernant les Garde - côtes des provinces de Picardie, Normandie, Bretagne, Poitou, Aunis, Saintonge, Guyenne, Rouſſillon, Languedoc & Provence, les Iſles de Belle-île, de Ré, Oleron & autres.

Du 13 Décembre 1778.

DE PAR LE ROI.

SA MAJESTÉ conſidérant qu'il intéreſſe au bien de ſon ſervice & à la tranquillité de ſes ſujets, de protéger le commerce, le cabotage & la courſe; d'aſſurer la garde & la conſervation des côtes de ſon royaume; Elle s'eſt fait repréſenter les Ordonnances & Règlemens qui ont été rendus en différens temps ſur la compoſition & le ſervice des Milices Garde-côtes: Et Sa Majeſté voulant s'occuper de tous les moyens capables de rendre ce ſervice le

A 3

moins à charge qu'il fera poffible à fes peuples, n'exiger d'eux que celui qu'ils font en état de rendre pour la garde des Côtes, en l'établiffant fur des principes modérés; augmenter par-là leur affection pour les paroiffes qu'ils habitent & les terres qu'ils cultivent; déterminer la forme de la levée, de la manière la plus avantageufe aux Communautés; proportionner la compofition des compagnies à la population des habitans & aux befoins du fervice; régler la police & la difcipline qui doivent y être obfervées : Elle a jugé que pour fatisfaire à des objets auffi importans, il étoit néceffaire de faire plufieurs changemens aux difpofitions portées par lefdites Ordonnances & Règlemens. A quoi voulant pourvoir, Elle a ordonné & ordonne ce qui fuit :

ARTICLE PREMIER.

Dénomination. LE nom de *Canonnier Garde-côtes*, fera fubftitué à celui de Milicien Garde-côtes.

2.

Capitaineries, Bataillons, Efcadrons & Emplois fupprimés. SA MAJESTÉ fupprime toutes les capitaineries ou bataillons, & les efcadrons de Dragons Garde-côtes, qui exiftoient pendant la guerre dernière, ou qui ont continué d'exifter depuis la paix; Elle révoque à cet effet les ordres, provifions, commiffions, brevets & lettres dont font actuellement pourvus les Infpecteurs, Capitaines généraux, Commandans de bataillons & d'efcadrons, les Majors, Aides-major, Capitaines & Lieutenans defdits Garde-côtes, ainfi que les Capitaines généraux & Lieutenans du guet; voulant Sa Majefté que ceux defdits Officiers qui feront choifis pour remplir des emplois dans la nouvelle formation de ce Corps, obtiennent

7

d'Elle des commissions pour pouvoir les exercer: Elle entend en même temps, que les Officiers, qui par la présente Ordonnance, se trouveront supprimés, continuent de jouir pendant leur vie, des exemptions & priviléges qui leur étoient attribués, & qu'il soit rendu compte de ceux qui par l'ancienneté de leurs services, seroient susceptibles de quelques grâces.

3.

IL n'y aura plus d'État-major dans les Troupes dont la Garde-côte sera composée; au lieu de capitainerie ou bataillons qui avoient été établis dans chaque province, & dont la formation varioit presque par-tout, il n'y aura plus que des compagnies, toutes composées de Canonniers; ce qui aura lieu dans les provinces de Picardie, Normandie, Bretagne, Poitou, Aunis, Saintonge, Guyenne, Roussillon, Languedoc & Provence, ainsi que dans les Isles dépendantes desdites provinces: le nombre, la division & l'étendue desdites compagnies, seront fixés par un Règlement particulier, en raison de la population & du local des paroisses maritimes de chaque province.

Formation générale.

4.

CHAQUE compagnie de Canonniers sera commandée par un Capitaine & un Lieutenant; & composée de deux Sergens, quatre Caporaux, quatre Appointés, trenteneuf Canonniers & un Tambour, formant cinquante hommes: chaque Capitaine sera chargé du détail de sa compagnie.

Composition des compagnies.

Les compagnies de Canonniers qui seront établies à Belle-isle, Groix & Ouessant, seront commandées p r un Capitaine & deux Lieutenans; & composées de quat e

Sergens, huit Caporaux, huit Appointés, foixante-dix-huit Canonniers & deux Tambours, formant cent hommes: à l'égard des compagnies des autres Ifles qui dépendent de la province de Bretagne, elles auront une compofition particulière qui fera fixée par le Règlement, & il fera attaché à chacune d'elles un Capitaine & un Lieutenant, autant que le fervice l'exigera.

Il fera établi des compagnies de Canonniers Garde-côtes à l'Ifle-Dieu & à l'Ifle-d'Aix, le nombre & la compofition en feront fixés par le Règlement.

5.

Choix
des Officiers.

LES emplois des compagnies de Canonniers, feront donnés par préférence, foit aux Officiers fupprimés de la Garde-côte qui auront fervi dans les Troupes réglées, & qui fe trouveront encore en état de fervir, foit à des Officiers retirés chez eux, qui feront également en état de faire ce fervice, ou à des Gentilshommes ou fils de Militaires du pays, & non à d'autres.

Entend cependant Sa Majefté que les Officiers fupprimés par la préfente Ordonnance, & qui n'auroient point fervi dans les Troupes réglées, puiffent également être admis auxdits emplois; bien entendu qu'ils feront jugés capables de les bien remplir.

6.

Choix
des Sergens,
Caporaux,
Appointés
et
Tambours.

CHAQUE Capitaine choifira dans les cinquante hommes dont fa compagnie fera compofée, ceux qui lui paroîtront les plus capables de remplir les places de Sergens, Caporaux, Appointés ou Tambours; mais ils n'y feront admis que de l'agrément du Capitaine, chef de la divifion.

9

7.

L'UNIFORME des Canonniers Garde-côtes, sera com-
posé d'un habit de drap bleu-de-roi, paremens bleus,
revers & retroussis de drap vert-de-mer, doublure de
serge ou cadis blanc, gilet & culotte de tricot couleur
vert-de-mer, chapeau bordé de laine noire; le bouton
de l'habit sera de métal jaune, timbré d'une ancre,
d'un canon & d'un fusil, conformément au modèle
qui sera envoyé.

Habillement & Équipement

Les distinctions relatives aux différens grades des
Officiers & bas Officiers, auront lieu sur cet uniforme,
comme dans les régimens d'Infanterie.

Les Tambours porteront le même habit que les
Canonniers Garde-côtes, & il y sera ajouté un bordé
à la petite livrée du Roi.

En temps de guerre, il sera fourni pour chaque
Canonnier, une paire de souliers par an, laquelle ils ne
porteront que pendant le temps de leur service, & les
Officiers seront chargés d'y veiller.

Il sera pourvu à cette dépense ainsi qu'à celle de
l'habillement & de l'équipement, au moyen des fonds
affectés à la Garde-côte.

8.

L'ARMEMENT consistera pour chaque Sergent ou
Canonnier, en un fusil, une baïonnette & une giberne
avec sa courroie, le tout des mêmes forme, longueur,
largeur & proportion que celles de l'Infanterie.

Armement.

9.

L'INTENTION de Sa Majesté est que dans les cas

Appointemens
&
Solde.

qui feront énoncés dans la préfente Ordonnance, où Elle à jugé à propos d'attribuer des appointemens & folde aux compagnies de Canonniers Garde-côtes, lefdits appointemens & folde leur foient payés fur le pied :

S A V O I R :	PAR JOUR.			PAR MOIS.	
Le Capitaine Chef de divifion.........	4^l	10^f	$\#^d$	135^l	$\#^f$
Le Capitaine....................	3.	10.	#	105.	#
Le Lieutenant...................	2.	#	#	60.	#
Chaque Sergent..................	#	13.	4	20.	#
Chaque Caporal.................	#	9.	4	14.	#
Chaque Appointé................	#	8.	4	12.	10
Chaque Canonnier...............	#	6.	4	9.	10
Chaque Tambour................	#	8.	4	12.	10

I O.

Rang
des Canonniers
Garde-côtes.

LORSQUE les Canonniers Garde-côtes ferviront, foit dans les forts ou batteries, foit dans les places, ils prendront rang après les Troupes réglées, de quelque date que foit la création defdites Troupes.

I I.

Rang
des Officiers
entr'eux.

LES Officiers de Canonniers Garde-côtes, auront rang entr'eux du jour de leurs commiffions ou lettres ; céux qui auront précédemment fervi dans les troupes d'In-fanterie, de Cavalerie ou de Dragons, conferveront le rang des grades qu'ils y avoient, & ils marcheront entre eux à grade égal pour le fervice de la côte, fuivant les dates de leurs anciennes commiffions, lettres ou brevets.

I 2.

TOUTES les fois que les Canonniers Garde-côtes

11

feront réunis à des détachemens de Troupes réglées, pour la défenfe des forts ou batteries, les Capitaines de Canonniers feront aux ordres des Capitaines de troupes réglées; mais les Lieutenans defdites troupes qui fe trouveront feuls dans lefdits forts ou batteries, feront commandés par les Capitaines de Canonniers qui y feront détachés.

Commandemens en cas de réunion de différentes Troupes.

13.

VEUT Sa Majefté, qu'il foit pris fur les commif-fions accordées aux Capitaines chefs de divifions, l'attache de l'Amiral de France, devant qui lefdits Officiers prêteront ferment, ou devant fes Lieutenans aux fiéges d'Amirautés dans le reffort defquels ils feront établis, & y feront enregiftrer lefdites commiffions; il fera payé cinq livres aux Officiers d'Amirautés, pour tous droits de preftation de ferment, réception & enregiftrement defdites commiffions, par lefdits Capitaines chefs de divifions.

Les Capitaines prendront l'attache de l'Amiral.

Les autres Capitaines des compagnies de Canonniers, prendront auffi l'attache de l'Amiral de France fur feurs commiffions, lefquelles feront enregiftrées par extrait au Greffe de l'Amirauté du reffort; il fera payé par lefdits Capitaines, pour cet enregiftrement, vingt fous pour tous frais & droits, conformément à l'Ordonnance du 4 novembre 1734.

14.

JOUIRONT pendant la guerre, les Officiers des Canonniers, de l'exemption de tutelle, curatelle, nomination à icelles & autres charges de Ville, & leur fervice leur tiendra lieu de celui qu'ils pourroient rendre dans

Exemptions en faveur des Officiers.

les Armées, de même qu'au ban & arrière-ban dont ils feront exempts.

15.

POUR exciter les Officiers à remplir avec zèle & exactitude les fonctions de leurs emplois, Sa Majesté veut bien leur faire efpérer de participer aux grâces qu'Elle accorde aux Officiers de fes Troupes, telles que des places de Chevalier dans l'Ordre Royal & Militaire de Saint-Louis, des gratifications, & même des penfions, felon qu'ils en feront jugés dignes par des actions diftinguées ou par leur ancienneté, fur le compte qui en fera rendu au Secrétaire d'État de la guerre, par les Gouverneurs des provinces & par les Infpecteurs généraux.

Sa Majefté entend, qu'à commencer du 1.er Mars prochain, les Officiers des compagnies de Canonniers ayant au moins trente-cinq ans de fervice, tant en guerre qu'en paix, dont dix de commiffion de Capitaine, foient fufceptibles de la croix de Saint-Louis.

16.

LES Canonniers Garde-côtes, feront particulièrement attachés aux directions de l'Artillerie qui exiftent dans l'étendue des provinces maritimes ; il y aura autant de départemens que de directions, & chaque départetement aura la même étendue de côtes que chacune defdites directions. Tout département ou direction fera compofé de trois, quatre ou cinq divifions, felon que le nombre des compagnies fera plus ou moins confidérable, & la direction plus ou moins étendue. Le plus

13

ancien Capitaine de commiſſion de chacune des diviſions en ſera le Chef.

17.

IL ſera établi ſix Inſpecteurs généraux, que Sa Majeſté prendra parmi les Officiers généraux de ſes Armées, leſquels ſeront chargés de la direction & inſpection des compagnies de Canonniers Garde-côtes, & de ſurveiller leur ſervice dans les batteries, ſous l'autorité de l'Amiral de France, Gouverneur de Bretagne, dont ils prendront l'attache, & ſous les ordres du Commandant en chef de chaque province; ils veilleront également au ſervice des ſignaux.

Nombre
&
fonctions
des Inſpecteurs
généraux.

18.

LES départemens des Inſpecteurs généraux, ſeront diſtribués & formés ainſi qu'il ſuit:

Départemens.

Le premier comprendra les côtes de la Picardie & de la Normandie juſqu'au Havre.

Le ſecond, celles depuis le Havre juſqu'à la Bretagne.

Le troiſième, celles de la Bretagne.

Le quatrième, celles du Poitou, de l'Aunis, & de la Saintonge.

Le cinquième, celles de la Guyenne.

Le ſixième, celles du Languedoc & de la Provence.

Les côtes du Rouſſillon formeront un département particulier, dont l'Inſpecteur général aura la commiſſion de Colonel.

19.

SA MAJESTÉ ſe réſerve de fixer, par un règlement particulier, les appointemens qu'Elle jugera à propos

Traitement.

d'accorder aux Infpecteurs généraux Garde-côtes, par proportion à l'étendue de leur département ; il leur fera fourni un logement convenable dans le lieu de leur département, qu'ils auront choifi pour y faire leur réfidence.

20.

Préfentation aux emplois.

L E S Infpecteurs généraux préfenteront aux Commandans en chef des provinces, les Officiers qu'ils eftimeront propres pour remplir les places qui feront vacantes dans les compagnies ; les états de propofitions feront enfuite adreffés, par lefdits Commandans, au Secrétaire d'État ayant le département de la guerre. Monf. le Duc de Penthièvre, Gouverneur de Bretagne, continuera de donner fes mémoires de propofitions après que les fujets lui auront été préfentés par l'Infpecteur général de la province.

21.

Défenfe de s'abfenter fans permiffion.

L E S Infpecteurs généraux ne pourront s'abfenter de leur département, fans en informer le Secrétaire d'État ayant le département de la guerre, à l'effet d'obtenir un congé de Sa Majefté ; ils en préviendront en même temps les Commandans en chef des provinces ; celui de Bretagne en informera Monf. le Duc de Penthièvre. Les Capitaines & Lieutenans des compagnies ne pourront s'abfenter pendant la guerre pour plus de quinze jours, fans en avoir obtenu une permiffion de l'Infpecteur général, & pour plus d'un mois fans la permiffion du Commandant en chef de la province, auquel elle fera demandée par l'Infpecteur général ; & lorfqu'ils feront dans le cas de s'abfenter hors de la province, l'Infpecteur

1 5

général, après en avoir prévenu préalablement le Commandant en chef ; & en Bretagne, Monſ. le Duc de Penthièvre, ainſi que le Commandant en chef de ladite province , demandera pour eux un çongé au Secrétaire d'État de la guerre.

2 2.

LES Commiſſaires des guerres ou du Corps-royal de l'Artillerie, employés dans l'étendue des directions d'Artillerie des provinces maritimes, feront chargés de la levée & du remplacement des Canonniers Garde-côtes ; leſdits Commiſſaires feront pareillement chargés de faire les revues des compagnies de Canonniers de la manière qui ſuit :

SAVOIR,

Un Commiſſaire pour les deux directions de Dunkerque & de la Fère.

Un pour celle de la haute Normandie.

Un pour celle de la moyenne & baſſe Normandie.

Un pour celle du Poitou, de l'Aunis & de la Saintonge.

Un pour celle de Guyenne.

Un pour celle du Rouſſillon.

Un pour celle du Languedoc.

Un pour celle de la Provence.

Les deux Commiſſaires Garde-côtes qui font déjà établis en Bretagne, continueront d'en remplir les fonctions & d'être préſentés par Monſ. le Duc de Penthièvre. Ils auront la même police que celle qui eſt attribuée aux Commiſſaires des guerres ci-deſſus dénommés ; en conséquence, ils feront les revues & les remplacemens des Canonniers Garde-côtes, & jouiront

A 8

16

du traitement qui leur est réglé sur les fonds affectés
à l'entretien des Garde-côtes dans cette province.

L'un de ces Commissaires aura la police des compagnies Garde - côtes de la direction d'Artillerie de Nantes; & l'autre, de celle de Brest.

23.

IL sera réglé aux Commissaires des guerres qui seront employés, comme il est dit à l'article précédent, un traitement particulier pour les dédommager des frais qu'ils seront dans le cas de faire.

24.

TOUS les habitans non classés dans les paroisses situées sur le bord de la mer, depuis l'âge de dix-huit ans jusqu'à soixante, qui ont été jusqu'à présent sujets au service de la Garde-côte, continueront d'y être assujettis; & lesdites paroisses seront exemptes, comme par le passé, de fournir des hommes pour les régimens Provinciaux.

25.

LE nombre d'hommes qui sera fourni par chaque paroisse pour les compagnies de Canonniers, sera déterminé par le règlement qui en sera dressé, lequel indiquera en même temps les lieux d'assemblée pour les revues des compagnies & les batteries de la côte auxquelles elles sont attachées.

26.

SA MAJESTÉ voulant que lesdites compagnies ne soient composées que d'habitans domiciliés dans les paroisses & communautés sujettes à la Garde-côte; Elle

17

défend d'admettre au fort les valets de campagne, bergers & autres perfonnes qui n'ont point de domicile fixe, lefquels feront néanmoins employés dans les compagnies poftiches ou du guet, pour y faire le fervice de la côte ainfi que les autres habitans.

27.

AUCUN mendiant, vagabond ou gens fans aveu, ne pourront être admis dans les compagnies de Canonniers & de poftiches ; défendant Sa Majefté d'y en recevoir fous quelque prétexte que ce foit.

Mendians, vagabonds également exclus.

28.

LES charpentiers de navire, calfats, voiliers & autres ouvriers affectés au fervice de la Marine ou à celui des particuliers qui équipent des Vaiffeaux, tant en guerre qu'en marchandifes, & defquels quoiqu'ils n'aillent point à la mer, il eft tenu regiftre dans les Bureaux des Claffes pour les envoyer travailler dans les ports & arfenaux de Sa Majefté, tant aux conftructions & radoubs de fes Vaiffeaux, qu'à divers autres ateliers, ne feront point incorporés dans les compagnies de Canonniers, mais feulement dans les compagnies poftiches quand ils ne feront point employés au fervice de Sa Majefté, & qu'ils fe trouveront chez eux fans être occupés aux conftructions & radoubs des navires & autres bâtimens de mer, en juftifiant par des certificats des Commandans, Intendans ou Commiffaires de la Marine, qu'ils feront réellement employés aux objets ci-deffus énoncés.

Exceptions en faveur des Ouvriers de la Marine.

29.

IL en fera ufé de même à l'égard des tailleurs de

pierre, maçons, armuriers & autres ouvriers qui feront demandés pour le fervice des bâtimens civils de Sa Majefté, dans les arfenaux ou dans les forts, lefquels ne feront point incorporés dans les compagnies de Canonniers, mais feulement dans celles poftiches, quand ils ne feront point employés au fervice de Sa Majefté; lefdits ouvriers feront également tenus de rapporter des certificats des Officiers de l'Artillerie & du Génie, pour juftifier de leur emploi.

3 O.

IL fera libre aux habitans des paroiffes Garde-côtes, depuis l'âge de dix-huit ans jufqu'à trente-fix, qui n'auront pas encore été à la mer, de s'engager, s'ils le jugent à propos, fur les navires qui font la courfe, le commerce & le cabotage, quand bien même ils auroient été incorporés dans les compagnies de Canonniers: bien entendu que lorfqu'ils voudront prendre le parti de la navigation, ils feront tenus de le déclarer à leur Capitaine, qui leur donnera un billet pour le Commiffaire des Claffes, & qu'ils rapporteront de ce Commiffaire un certificat d'admiffion pour être embarqués dans trois mois au plus tard après leur déclaration; faute de quoi ils rentreront dans leurs compagnies.

3 I.

LE tirage fe fera par la voie du fort; ordonne Sa Majefté à tous les habitans qui feront dans le cas d'y tirer, de comparoître devant le Commiffaire des guerres, qui fera chargé de la levée, le jour qui aura été indiqué, à peine contre ceux qui ne fe préfenteront point au tirage, d'être déclarés Canonniers, & contraints à fervir

19

l'espace de huit ans, à moins qu'ils n'aient des raisons valables de s'en dispenser, ce qu'ils seront tenus de justifier audit Commissaire des guerres, qui en rendra compte à l'Intendant de la province; les paroisses ou Communautés supporteront les frais auxquels pourra donner lieu la recherche des hommes qui ne se seront pas présentés.

32.

IL sera toujours commandé un Sergent & quinze Canonniers armés, pour le maintien de la police pendant le tirage, & pour donner main-forte en cas de besoin.

Détachement pour la police.

33.

VEUT Sa Majesté que, si quelque Officier retiré ou actuellement au service, troubloit l'opération du tirage en engageant les garçons ou hommes mariés qui auront été désignés pour tirer au sort, le Commissaire des guerres en donne avis à l'Intendant, qui en informera le Secrétaire d'État ayant le département de la guerre, pour prendre les ordres de Sa Majesté, sur la punition qu'Elle jugera à propos d'ordonner.

Défense de faire aucun enrôlement le jour du tirage.

Veut aussi Sa Majesté, que les Préposés aux recrues des Troupes, qui se présenteront pour enrôler les garçons le jour qu'on se disposera à tirer au sort, soient arrêtés sur le champ, & que l'Officier de Maréchaussée mette en prison lesdits Enrôleurs; l'intention de Sa Majesté étant qu'on ne puisse faire aucun enrôlement que le lendemain du tirage.

34.

SI lors du tirage au sort, quelque garçon ou autre habitant de la paroisse, se prétendoit engagé dans les Troupes, il sera tenu, pour éviter les abus des enga-

Les prétendus engagemens seront vérifiés.

gemens fimulés, de rapporter un certificat de l'Officier qui aura reçu fon engagement, au Commiffaire des guerres, pour être par lui envoyé au Secrétaire d'État de la guerre qui en fera faire la vérification.

35.

Hommes de bonne volonté. LES garçons ou hommes mariés propres au fervice, qui fe préfenteront de bonne volonté pour fervir cinq ans dans les compagnies de Canonniers, y feront admis, & le nombre de ceux à faire tirer au fort dans la paroiffe de laquelle ils feront habitans, fera diminué en proportion.

36.

Exemptions. SA MAJESTÉ voulant faire connoître fes intentions fur les priviléges & exemptions dont doivent jouir les habitans des paroiffes Garde-côtes, relativement à la levée des Canonniers, Elle a jugé à propos d'expliquer les différens cas auxquels ces priviléges & exemptions devront être appliqués.

Tout homme domicilié dans chaque paroiffe Garde-côtes, à la réferve des Nobles, des Gens claffés & de ceux qui feront défignés dans les articles fuivans, fera fujet au fervice de la Garde-côte.

Les Défervans des églifes, tonfurés au moins trois mois avant la publication de la préfente Ordonnance, feront exempts.

Si dans une paroiffe, il fe trouve plufieurs frères fujets au fort, demeurans chez leurs père & mère, tous tireront; mais de deux frères, il n'y en aura qu'un qui fervira; deux fur trois ou quatre, & trois fur cinq.

Les Officiers, les Gardes des Maréchaux de France, ceux des Gouverneurs & Lieutenans généraux des provinces, feront

exempts suivant l'état signé desdits Maréchaux de France, Gouverneurs & Lieutenans généraux, lequel sera remis aux Intendans
qui le feront passer ensuite aux Commissaires des guerres des
départemens.

Les Officiers de Justice royale & d'Amirauté, ceux des Justices
seigneuriales, qui sont gradués, seront exempts ainsi que leurs
enfans.

Le Commis principal des Greffiers des siéges d'Amirautés,
ayant prêté serment en justice, sera exempt.

Les Porteurs de commissions de l'Amiral, ayant prêté
serment en justice, seront aussi exempts.

Le Maire ou le Syndic d'une paroisse, le Collecteur de la
taille ou du sel, chargé des deniers; les Préposés à la perception
des deniers royaux, & un de leurs enfans, seront exempts pendant
l'année de leur exercice seulement.

Les Commis & Employés des Fermes, seront également
exempts.

Les Courriers & Messagers des lettres; les Maîtres des postes
aux chevaux, leurs Enfans employés au même service, & leurs
Postillons, sur le pied d'un par trois à quatre chevaux, seront
également exempts du tirage.

Les Domestiques attachés à la personne des Gentilshommes
& des Curés, qui sont dans l'usage d'en avoir, seront exempts ;
mais ladite exemption n'aura lieu que pour ceux qui seront entrés
à leur service six mois avant le tirage au sort.

Jouiront aussi de l'exemption, le Gardes des bois & rivières
appartenans à Sa Majesté, qui sont à ses gages & sur ses états,
ainsi que les Garde-chasses, aux gages & portant la bandoulière
des Seigneurs hauts-justiciers ; à condition qu'ils auront été
reçus à la maîtrise six mois avant la levée; qu'ils seront âgés
de vingt ans au moins, qu'ils n'excèderont point le nombre
ordinaire, qu'ils seront domiciliés dans la paroisse où ils sont
Gardes, qu'ils ne feront point de commerce, métier ou exploi-

tation, & qu'ils feront uniquement occupés de leur métier de Garde.

Tous ceux auxquels l'exemption eft accordée, n'en jouiront qu'en juftifiant des titres de leur exemption : Entend à cet effet, Sa Majefté, que tous les autres habitans des paroiffes foient incorporés dans les compagnies de Canonniers, ou affujettis au fervice du guet & garde, pourvu qu'ils foient de l'âge prefcrit, & que les conteftations qui pourroient naître pour raifon de ladite exemption, foient décidées par les Intendans; Sa Majefté s'en remettant au furplus à eux pour donner plus ou moins d'extenfion aux exemptions, en raifon de celles qu'ils jugeront devoir être accordées avec juftice. L'intention de Sa Majefté eft qu'ils rendent compte au Secrétaire d'État de la guerre, des motifs qui les auront déterminés à accorder lefdites exemptions,

<h1 style="text-align:center">37.</h1>

Subftitution. POUVANT arriver que quelques Canonniers Garde-côtes aient des raifons légitimes de fe faire fubftituer, Sa Majefté permet au Commiffaire des guerres, d'admettre cette fubftitution pour celui à qui le fort fera tombé, & qui préfentera fur le champ un homme de fa paroiffe ou d'une autre qui contribueroit à la formation de la compagnie, mais le fubftituant ne fera point exempt des tirages fuivans, à moins que le fubftitué n'ait en lui une exemption perfonnelle & valable.

<h1 style="text-align:center">38.</h1>

Cas où le fubftitué reprendra le fervice. SI le Canonnier fubftitué venoit à manquer par quelque caufe que ce foit, excepté le cas de mort, celui auquel

23

le fort étoit échu & pour lequel il aura été substitué,
sera tenu de reprendre le service, pour le continuer
jusqu'au temps où il devra être licencié.

39.

LES hommes qui serviront à la composition des
compagnies de Canonniers, seront pris de préférence,
parmi les garçons, depuis l'âge de dix-huit ans jusqu'à
quarante-cinq, & concurremment avec eux, des jeunes
gens mariés depuis l'âge de vingt ans, pourvu qu'ils
soient les uns & les autres propres au service; à défaut
de garçons & jeunes gens mariés en nombre suffisant,
les hommes mariés, jusqu'à l'âge de quarante-cinq ans
accomplis, y seront incorporés.

Choix des hommes pour les compagnies.

40.

IL sera remis par les Commissaires des guerres,
chargés du tirage, aux Inspecteurs généraux, aux Intendans de chaque province, & aux Directeurs d'Artillerie
de chacun des départemens des Canonniers Garde-côtes,
un registre qui contiendra, compagnie par compagnie,
le nom & le signalement exact de chaque Canonnier,
son âge, le lieu de sa naissance & le nom de la paroisse
pour laquelle il servira.

Registre des signalemens.

41.

CHAQUE Capitaine tiendra un contrôle de sa compagnie, tel qu'il sera compris dans le registre, dont il
est fait mention dans l'article ci-dessus; observant d'y mar-
quer exactement les changemens qui arriveront dans sa
compagnie, & sera ledit contrôle présenté à l'Inspecteur
général & au Directeur de l'Artillerie lors des revues.

Contrôle des compagnies.

42.

LE service des Sergens, Caporaux, Appointés, Canonniers & Tambours dans les compagnies de Canonniers, sera de cinq années consécutives, après lesquelles ceux qui auront servi pendant cinq ans, seront licenciés.

43.

LE licenciement devant être fait chaque année, de dix hommes par compagnie, qui auront rempli leurs cinq années de service, & le cas ne pouvant se rencontrer pendant les quatre premières années; l'intention de Sa Majesté est que pour éviter l'inconvénient d'un remplacement général, il soit licencié par année un cinquième de chaque compagnie : c'est par une suite de cette disposition que le premier cinquième sera congédié à la fin de la première année de son service; bien entendu que ceux qui auront remplacé les cinq premiers cinquièmes serviront tous pendant cinq années, de même que ceux qui les suivront.

44.

CEUX qui auront été une fois licenciés, seront dispensés de servir dans les compagnies de Canonniers, & seront seulement employés dans les compagnies postiches, à moins qu'il ne se trouvât point dans leurs paroisses d'autres hommes en état de faire le service dans lesdites compagnies de Canonniers, auquel cas ils seroient obligés de reprendre le tour du sort.

45.

LES remplacemens seront toujours faits par les mêmes paroisses qui auront fourni les hommes qui auront été licenciés, ou qui par mortalité ou autrement se trouveront manquer, sans qu'aucune autre paroisse soit tenue d'y contribuer, de manière que chaque paroisse ait, dans la compagnie de Canonniers à laquelle elle devra fournir, le nombre d'hommes porté par le règlement qui sera rendu pour les compagnies.

46.

LE tirage au sort dans les paroisses Garde-côtes, pour les remplacemens qui seront à y faire d'une année à l'autre, sera fait en présence du Commissaire des guerres affecté au département, des Officiers de la compagnie pour laquelle le remplacement se fera, & des Officiers des compagnies postiches de chaque paroisse ; de manière qu'au mois de Mars de chaque année lesdites compagnies de Canonniers soient complètes à cinquante hommes en paix comme en guerre. *Tirage pour les remplacemens.*

47.

IL sera fait, en temps de guerre, par l'Inspecteur général des Garde-côtes, accompagné du Directeur, ou en son absence, du Sous-directeur de l'Artillerie, deux revues générales des compagnies de Canonniers, l'une dans les mois d'Avril & de Mai, & l'autre dans ceux d'Octobre & de Novembre ; le Commissaire des guerres avertira à l'avance les Chefs de division, du jour que l'Inspecteur général aura fixé pour la revue, afin que chaque Chef de division fasse assembler au jour indiqué, les compagnies de sa Division, au lieu qui sera désigné par le règlement ; il sera envoyé, par l'Inspecteur général, des extraits de ces revues au Secrétaire d'État de la guerre. *Revue des Inspecteurs généraux.*

En l'abſence de l'Inſpecteur général, chaque Directeur de l'Artillerie ſera chargé de faire l'inſpection deſdites compagnies dans l'étendue de ſa direction.

48.

A la revue d'Octobre & de Novembre de chaque année, l'Inſpecteur général, ou en ſon abſence le Directeur de l'Artillerie, fera, en préſence du Commiſſaire des guerres de chaque département, le licenciement ordonné, pour être enſuite procédé dans chaque paroiſſe au remplacement ainſi qu'il eſt preſcrit.

49.

ENTEND Sa Majeſté qu'à chaque revue générale, il ſoit payé ſix jours d'appointement & ſolde aux compagnies de Canonniers, ſur le pied porté à l'article 9 de la préſente Ordonnance.

50.

LES armes des compagnies, feront dépoſées immédiatement après les revues & exercices, dans le magaſin établi dans le lieu d'aſſemblée de chaque compagnie; & ne pourront leſdites armes être tirées des magaſins, ſans une néceſſité abſolue, que pour les revues, exercices, détachemens ou autres cauſes relatives au ſervice, ſur les ordres du Capitaine de la compagnie.

Le premier Sergent ſera chargé de la clé du magaſin aux armes, & en répondra; il ne ſera remis entre les mains des Canonniers pour les nétoyer, que le canon & le bois ſans platine, ou la platine ſans canon.

51.

LES loyers des magaſins d'armes & les menues

27

réparations, feront payés des fonds affignés pour l'entretien de la Garde-côte, fur les états fignés & approuvés par le Directeur de l'Artillerie de chaque département.

'52.

DEPUIS le 1.er Mai jufqu'au 1.er Novembre, il fera fait tous les quinze jours, une revue particulière & d'exercice de chacune defdites compagnies, dans le lieu d'affemblée qui fera indiqué, laquelle revue d'exercice, fe fera par le Capitaine & le Lieutenant de chaque compagnie, un jour de Fête ou de Dimanche; mais une revue générale tiendra lieu de deux de ces affemblées.

53.

IL ne fera délivré de la poudre & des balles aux compagnies de Canonniers, tant pour les revues générales & d'exercice que pour les détachemens, que fur les ordres de l'Infpecteur général ou du Directeur de l'Artillerie.

54.

DU 1.er Novembre au 1.er Mai, où cefferont les exercices ci-deffus, les compagnies de Canonniers fe rendront fucceffivement & de la manière qui leur fera ordonnée, au lieu qui leur fera indiqué par le Directeur de l'Artillerie pour l'École du canon; il fera à cet effet établi dans chacune defdites directions d'Artillerie, une ou deux Écoles, en proportion du nombre des compagnies & de l'étendue defdites directions; la dépenfe qui réfultera de ces établiffemens, fera prife fur les fonds qui feront affectés pour l'entretien des Garde-côtes.

55.

VEUT Sa Majesté que chaque compagnie qui sera commandée pour aller à l'école du canon, reçoive sa solde sur lesdits fonds, à dater du jour du départ de son quartier d'assemblée jusqu'à son retour, & ce sur le pied porté à l'article 9 de la présente Ordonnance.

56.

SA MAJESTÉ desirant soulager les habitans des paroisses Garde-côtes, dans toutes les circonstances où son service peut le permettre, Elle dispense de toute revue, pendant la paix, les compagnies de Canonniers. Mais Elle veut qu'elles continuent d'être complètes, & qu'elles se présentent sans armes sur les batteries de la côte, auxquelles elles seront attachées, lorsque le Directeur de l'Artillerie du département, & en son absence le Sous-directeur fera la visite desdites batteries.

57.

LE service des compagnies, sera réglé en temps de guerre par le Commandant en chef de la province, suivant l'exigence des cas ; les détachemens qui seront faits aux batteries, seront relevés au moins tous les quatre jours ; & si le besoin exigeoit plus de quatre jours de service par le même détachement, il seroit pourvu à la solde desdits détachemens, à commencer du cinquième jour de service, jusqu'à celui exclusivement auquel ils seroient relevés ; & ce, sur le pied porté par l'article 9 de la présente Ordonnance, sur le fonds affecté à l'entretien de la Garde-côte.

58.

DANS le cas où les compagnies de Canonniers feroient affemblées extraordinairement pour la défenfe & la garde de la côte ou de quelque place, veut Sa Majefté qu'elles foient payées fur les fonds de l'Extraordinaire des guerres pendant le temps defdites affemblées, fur le pied qui eft réglé par l'article 9, & fur les revues des Commiffaires des guerres; entend auffi Sa Majefté que les appointemens & folde foient payés aux compagnies de Canonniers, fans retenue des quatre deniers pour livre qui feront à la charge de Sa Majefté.

Appointemens & folde en cas de fervice extraordinaire.

Toutes les fois que lefdites compagnies feront affemblées extraordinairement, les Officiers jouiront du logement, foit en nature, foit en argent, fuivant l'ufage des provinces, & fur le pied qui eft réglé pour les troupes d'Infanterie; veut à cet effet, Sa Majefté, que les Officiers fupérieurs & autres des Capitaineries Garde-côtes, qui ont été employés cette année en Bretagne aux batteries, ou en détachement fur la côte de cette province, & dont il a été fait des revues par les Commiffaires des guerres, foient payés de leur logement, du jour qu'ils ont été attachés à ce fervice.

59.

LES états d'appointemens des Officiers & de la folde des Canonniers, feront, ainfi que ceux des frais d'entretien des Écoles du canon, & de toute autre dépenfe relative aux Garde-côtes, arrêtés par l'Intendant de chaque province, & lefdits états, enfemble les comptes de payemens d'iceux feront envoyés, chaque année, par l'Intendant

Comptes arrêtés par les Intendans.

de la province, au Secrétaire d'État ayant le département de la guerre.

60.

LES habitans des paroiffes fujettes à la Garde-côte, qui abandonneront leur réfidence pour fe retirer dans l'intérieur des terres, & qui ne feront point incorporés dans les compagnies de Canonniers, feront fujets à tirer au fort, pour fervir dans les régimens Provinciaux à la fin de la première année de leur féjour dans les paroiffes où ils fe feront retirés.

61.

LES habitans de l'intérieur des terres, qui iront demeurer dans les paroiffes fujettes à la Garde-côte, ne pourront entrer dans les compagnies de Canonniers pendant les deux premières années de leur féjour dans lefdites paroiffes de la côte; ils feront fujets, pendant lefdites deux années, aux mêmes charges que ceux de la paroiffe qu'ils auront quittée, & pourront en conféquence être réclamés comme fuyards des régimens Provinciaux.

62.

ON fe conformera, pour les différentes peines qui feront prononcées contre les Canonniers Garde-côte, qui fe rendront coupables de défertion ou de quelque faute effentielle, à ce qui eft prefcrit par les articles ci-deffous.

1.º Tout Sergent, Caporal, Appointé, Canonnier & Tambour des compagnies de Canonniers, ne pourra en temps de guerre, pendant les cinq années de fon fervice, s'abfenter de fa paroiffe pour plus de huit jours sans une permission par écrit de son Capitaine, & sera tenu de se trouver exactement aux revues & exercices, sous peine de deux jours de prison contre ceux qui, sans excuse ou empêchement légitime, manqueroient de se rendre aux exercices, & de servir pendant six ans au lieu de cinq contre ceux qui manqueroient à se rendre aux revues générales, & même de plus grandes peines en cas de récidive dans l'un & l'autre cas.

2.° Aucun Canonnier ne pourra s'engager dans les Troupes de terre ni de mer pendant les cinq années de son service, à peine d'y être arrêté & conduit par la Maréchaussée, aux frais de sa communauté, dans les prisons de la compagnie dudit Canonnier, dans lesquelles il sera détenu pendant six mois, & condamné à servir pendant huit ans dans les compagnies de Canonniers: Défend Sa Majesté à tous ses Officiers de terre & de mer, d'engager aucun desdits Canonniers, à peine de désobéissance & de nullité de l'engagement.

3.° Tout Canonnier, Garde-côtes, qui désertera de sa direction pendant la guerre, pour passer dans une autre, ou dans quelque province éloignée, sera mis en prison pendant six mois, & servira dix ans au lieu de cinq : Ordonne Sa Majesté qu'il soit donné avis sans délai, au Secrétaire d'État ayant le département de la guerre, par l'Inspecteur général ou le Directeur de l'Artillerie du département, du signalement dudit Canonnier, du temps où il aura déserté, & autant que faire se pourra, du lieu de sa retraite, pour que ledit Canonnier puisse être arrêté par la Maréchaussée, & conduit dans la paroisse, aux frais d'icelle, pour y être puni ainsi qu'il est ci-dessus dit.

4.° Les Canonniers qui feront trouvés portant leurs armes hors le fervice, feront mis en prifon pour huit jours.

5.° Tout Garde-côtes qui manquera à l'obéiffance qu'il doit à fes Officiers, en ce qu'ils lui ordonneront pour le fervice de Sa Majefté, fera puni fur le champ de huit jours de prifon, il en fera rendu compte au Capitaine chef de la divifion, qui fuivant l'exigence, pourra ordonner une plus longue détention; en ce cas, il en informera l'Infpecteur général ou le Directeur de l'Artillerie.

6.° Si pendant l'intervalle d'une affemblée ou d'un exercice à l'autre, quelques bas Officiers ou Canonniers defdites compagnies, manquoient effentiellement à un Officier, ou un Canonnier à un bas Officier, ils feront également mis en prifon pour huit jours; l'infpecteur général en rendra compte au Secrétaire d'État de la guerre, qui prendra les ordres de Sa Majefté fur le genre d'une plus grande punition, que les uns & les autres auront à fubir.

7.° Veut Sa Majefté, que dans tous les temps les prifons civiles, fervent de prifons militaires, pour les Canonniers Garde-côtes.

63.

Permiffions aux Canonniers, d'aller travailler hors de leurs paroiffes.

PENDANT la paix, les Canonniers qui auront befoin de changer de lieu pour pouvoir travailler, auront des permiffions que leur Capitaine ne pourra leur refufer, à moins de mauvaife conduite.

64.

Exemption de la Corvée.

TOUS les Sergens, Caporaux, Appointés, Canon-

13. Décembre 1778

niers & Tambours des compagnies de Canonniers, jouiront en temps de guerre, de l'exemption de la corvée pour la réparation des grands chemins, pendant le temps seulement qu'ils seront de service dans lesdites compagnies; bien entendu que ladite exemption n'aura lieu que pour leur personne & non pour leurs chevaux, lesquels néanmoins ne pourront être commandés les jours que les Canonniers seront de service, se trouvant alors hors d'état de les conduire eux-mêmes.

65.

VEUT Sa Majesté que pendant la guerre seulement, les Canonniers soient exempts de la Collecte, pourvu qu'ils ne fassent valoir que leurs biens propres, conformément à ce qui est réglé pour les régimens Provinciaux, par l'article 11 du titre X de l'Ordonnance du premier décembre 1774.

Exemption de la Collecte.

66.

LES habitans sujets au service de la Garde-côte, qui resteront dans chaque paroisse, après que les hommes qu'elle devra fournir pour les compagnies de Canonniers en auront été tirés, formeront des compagnies, lesquelles seront nommées *compagnies de Canonniers-postiches* ou *compagnies du Guet.*

Compagnies de Canonniers-postiches, ou compagnies du Guet.

67.

CHAQUE compagnie postiche aura un Capitaine par paroisse, & un Lieutenant par chaque cent hommes dont sera composée ladite compagnie ; & dans le cas où la population d'une paroisse se trouveroit moindre de cent hommes en état de porter les armes, il y aura également un Lieutenant du Guet dans ladite paroisse.

Formation desdites compagnies.

68.

LES Capitaines & Lieutenans du guet, seront choisis
parmi les principaux habitans de la paroisse, exempts ou
non exempts du tirage ; & seront lesdits Officiers, présentés par le Capitaine de la compagnie de Canonniers,
auquel ils seront subordonnés, à l'Inspecteur, qui leur
donnera des commissions, lesquelles seront visées par le
Commandant en chef de la province ; & en Bretagne
par Mons. le Duc de Penthièvre, Gouverneur de cette
province.

69.

LES compagnies du guet seront assujetties, en temps
de guerre, à fournir aux Corps-de-garde d'observation,
les détachemens nécessaires, à l'effet d'y faire les signaux
dont on sera convenu suivant les circonstances, de porter
de poste en poste les paquets des Commandans sur la
côte, & d'y réparer & entretenir les retranchemens &
les chemins de communication d'une batterie à une autre:
le service desdites compagnies postiches, se fera comme
celui des compagnies de Canonniers, & ainsi qu'il sera
réglé par le Commandant en chef de la province.

70.

· LESDITS détachemens des corps-de-garde d'observation, seront relevés au moins tous les quatre jours,
& seront ordonnés par le Capitaine de la compagnie
de Canonniers ; ils seront aux ordres des Officiers des
compagnies de Canonniers qui se trouveront être de
service aux batteries.

71.

LE Capitaine de chaque compagnie de Canonniers, tiendra un rôle exact des compagnies du guet qui devront monter la garde aux postes qui leur seront désignés, pour les faire relever successivement par d'autres, suivant l'état de contribution de chaque paroisse, en sorte que les habitans d'une paroisse qui auront fait le service du guet & garde, ne puissent être commandés qu'après que tous les hommes de la paroisse auront rempli le même service.

Rôle desdites compagnies pour commander le service.

72.

LES Capitaines du guet, qui seront chargés de commander journellement les habitans des paroisses, pour la garde aux postes qui leur seront confiés, auront une attention particulière à ne jamais commander à la fois plusieurs hommes de la même maison; & pour prévenir cet inconvénient, ils auront un rôle des habitans de leur paroisse, où ils distingueront les pères des enfans, & les Maîtres des Domestiques, en sorte qu'il n'y ait qu'un seul homme de chaque maison commandé le même jour pour le service.

Un seul homme de chaque maison pour le service journalier de la côte.

73.

LORSQUE par le moyen du Guet & Garde, on aura connoissance des flottes ou vaisseaux des ennemis qui paroîtront à la mer, le Capitaine chef de division, en donnera avis au Commandant de la province, à l'Inspecteur général, au Directeur de l'Artillerie, à l'Intendant de la généralité, au Commandant & à l'Intendant de la marine du port le plus prochain; observant que ces avis soient les plus détaillés qu'il sera possible.

Le Capitaine chef de division, donnera avis de l'apparition des flottes Ennemies.

74.

Les compagnies postiches dispensées de tout service pendant la paix.

LES compagnies postiches, ne seront tenues à aucun service en temps de paix; les habitans des paroisses seront seulement obligés de s'assembler chaque année lors du tirage, pour la contribution qu'elles auront à fournir aux compagnies de Canonniers, & il en sera fait pour lors une revue ou dénombrement, dont le rôle sera dressé par les Syndics ou Marguilliers des lieux, conjointement avec le Capitaine & le Lieutenant de la compagnie postiche, & en présence du Commissaire des guerres affecté à chaque département; lequel rôle apostillé de l'âge, de la profession & de la taille de chacun desdits habitans, distinguera les Garçons, les Gens mariés ou veufs, les Exempts & les Matelots; & sera ledit rôle remis par le Commissaire des guerres, à l'Intendant de la province, qui l'enverra par extrait, au Secrétaire d'État de la guerre. Le Capitaine de la compagnie postiche, sera tenu de remettre un pareil rôle au Capitaine de la compagnie de Canonniers, lequel en enverra des doubles, à l'Inspecteur général & au Directeur de l'Artillerie.

75.

Défenses aux Officiers, d'ordonner aucun charoi ni corvée.

LES Inspecteurs généraux, les Directeurs ou autres Officiers d'Artillerie, les Capitaines & autres Officiers de la Garde-côtes, ne pourront dans toute l'étendue de leur département ni ailleurs, ordonner aucun charoi ni corvée aux villages & paroisses, que sous l'autorité des Officiers généraux ou particuliers de la province, qui sont en droit & en usage d'en ordonner: Pourront

37

toutefois, dans les nécessités urgentes, commander ce qui sera absolument nécessaire pour le service, à condition d'envoyer sur le champ auxdits Officiers généraux ou particuliers, copie de l'ordre qu'ils auront été obligés de donner, & un mémoire, contenant les raisons qu'ils auront eues de le faire, sous peine par ceux qui l'auront donné, d'en demeurer responsables en leur propre & privé nom , s'ils se trouvoient l'avoir donné mal-à-propos.

76.

VEUT Sa Majesté que la présente Ordonnance soit exécutée, à commencer du 1.er du mois de Mars 1779; dérogeant à tous autres règlemens, Ordonnances & décisions précédemment rendus concernant les Garde-côtes, en tout ce qui se trouvera contraire à la présente.

Exécution
de
l'Ordonnance.

MANDE & ordonne Sa Majesté à Monsf. le Duc de Penthièvre, Amiral de France & Gouverneur de Bretagne; aux Gouverneurs & Commandans généraux dans ses provinces de Picardie, Normandie, Bretagne, Poitou, Aunis, Saintonge, Guyenne, Roussillon, Languedoc & Provence; aux Inspecteurs généraux Garde-côtes, aux Directeurs d'Artillerie, dont les départemens sont sur les côtes de l'Océan & de la Méditerranée; comme aussi aux Intendans & Commissaires des guerres, & à tous autres qu'il appartiendra, de tenir la main à l'exécution de la présente Ordonnance.

FAIT à Versailles le treize Décembre mil sept cent soixante-dix-huit. *Signé* LOUIS. *Et plus bas,* LE PRINCE DE MONTBAREY.

LE DUC DE PENTHIÈVRE,

Amiral de France, Gouverneur & Lieutenant général pour le Roi en sa province de Bretagne.

VU l'Ordonnance du Roi ci-dessus & des autres parts, à nous adressée: MANDONS à tous ceux sur qui notre pouvoir s'étend, de l'exécuter & faire exécuter chacun en droit soi, suivant sa forme & teneur. FAIT à Paris le trois janvier mil sept cent soixante-dix-neuf. *Signé* L. J. M. DE BOURBON. *Et plus bas,* Par son Altesse sérénissime. *Signé* DE GRANDBOURG.